AF246006

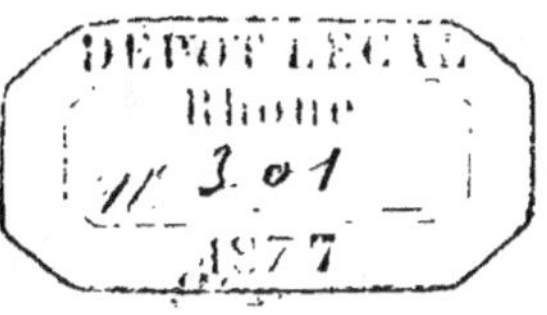

FRÈRE JÉROME.

(François Dunoyer.)

LYON

J. B. PÉLAGAUD, IMPRIMEUR

de N. S.-P. le Pape

ET DE SON ÉM. MGR LE CARDINAL ARCHEVÊQUE,

Rue Sala, 58.

1877.

LETTRE CIRCULAIRE

DU

SUPÉRIEUR GÉNÉRAL DES FRÈRES DE LA SAINTE-FAMILLE

AUX MEMBRES DE SA CONGRÉGATION,

SUR LA VIE ET LES VERTUS

Du cher Frère JÉROME.

Belley, le jour de l'Ascension de Notre-Seigneur, 10 mai 1877.

TRÈS-CHERS FRÈRES,

Je suis heureux de répondre à votre désir en consacrant ces quelques pages à la mémoire vénérée du Frère JÉRÔME, et de pouvoir vous présenter en lui un modèle à imiter.

Frère Jérôme (François DUNOYER) naquit à Rumilly, en Savoie, le 5 juin 1821. Tout ce que nous savons de ses premières années, c'est qu'il se distinguait par sa piété et par une conduite irréprochable. Il se présenta à Belmont, siége de notre Institut naissant, le 3 mars 1840. Admis au noviciat, où j'étais entré moi-même depuis peu de jours, il nous eut bientôt montré qu'en le recevant, la Congrégation s'était enrichie d'un trésor d'humilité et de charité. On remarqua dès lors qu'il portait jusqu'au scrupule l'amour du devoir.

De si bonnes dispositions lui méritèrent la faveur de recevoir le saint habit plus tôt qu'on ne l'accorde d'habitude. Il fit profession le 2 octobre 1841, à Belley, où avait été transféré le siége de notre Institut, et lorsque, un peu plus tard, les vœux perpétuels furent autorisés dans la Congrégation, il fut un des premiers qui voulurent rendre irrévocable leur consécration à Dieu.

Employé à la couture, il s'appliqua à ce travail avec la bonne volonté et le zèle qu'il sut mettre dans tout ce que l'obéissance lui confia. Il eût cependant préféré être appliqué aux études classiques, mais il ne laissa pas paraître même l'ombre de ce désir. Il se mit de tout son cœur à son emploi, et c'est seulement bien des années après que, dans un moment d'abandon, il a parlé du sacrifice qu'il avait eu à faire en cette circonstance.

Il aimait la prière et y vaquait autant que ses occupations le lui permettaient. Dieu se plut souvent à nous montrer qu'il avait ses supplications pour agréables. Ainsi en fut-il dans diverses circonstances difficiles où notre Révérend Père Fondateur l'envoyait à la chapelle prier selon ses intentions. Quelquefois le jour même nous apprenions que les prières du cher Frère Jérôme étaient exaucées.

A l'esprit de prière, qu'il a conservé jusqu'à la fin de sa vie, il joignait à un haut degré la vertu de charité, qui le faisait s'oublier lui-même pour être à tous, et qui devait lui valoir le titre de *bon*, dont nous aimions tous à faire précéder son nom. C'était pour lui une sorte de besoin de rendre aux autres quelque bon office, et il n'était jamais plus heureux que lorsque, après s'être dépensé au profit de quelqu'un, il pouvait dire : *Ça lui a bien fait plaisir.*

Tel se montra le Frère Jérôme pendant près de quatre ans qu'il resta à la Maison-Mère; mais ces vertus et ces heureuses dispositions ne firent que s'accentuer de plus en plus le reste de sa vie.

Au mois d'octobre 1843, il fut envoyé au petit séminaire de Grenoble, comme Directeur des Frères chargés des emplois temporels de cet établissement. Dans cette position assez difficile, il sut, par sa prudence et sa grande bonté, se faire aimer et estimer de ses confrères, des élèves, des professeurs et des supérieurs de cette maison. Tous en parlent encore avec éloge, et en conservent les meilleurs souvenirs. Cependant il se croyait incapable de remplir dignement sa charge ; les obligations qu'elle lui imposait effrayaient sa conscience délicate. En conséquence, il demanda son changement, qu'il obtint à force de prières et de supplications.

Pour répondre au désir du vénérable M. Vianney, Curé d'Ars, notre pieux Fondateur lui avait envoyé des Frères au mois de mars 1849. Aux vacances de la même année, le Frère Jérôme fut choisi pour ce poste. Il devait prendre soin de l'église et de la sacristie ; mais, les premières années, pour venir en aide à ses confrères, il se chargea encore de la cuisine, de la lingerie et du jardin. Son dévouement lui faisait même trouver assez de temps pour prendre à certains moments de la journée les élèves d'une division de la première classe. Tous ces emplois convenaient à son zèle, mais surtout celui de sacristain, comme répondant davantage à sa grande piété ; aussi l'a-t-il toujours rempli avec un vrai bonheur pendant les vingt-cinq ans qu'il a passés à Ars. On peut vraiment dire de lui que le zèle de la maison de Dieu le dévorait.

Subjugué par les vertus héroïques de M. Vianney, auprès duquel ses fonctions l'appelaient assidûment, et qu'il était souvent obligé de protéger contre les empressements de la foule, il lui voua un amour et un attachement sans bornes. Il était d'ailleurs si bien fait pour goûter et comprendre un saint ! Celui-ci, reconnaissant bientôt lui-même les qualités de son fidèle et pieux serviteur, daigna l'honorer d'une affection dont il ne cessa de lui donner les preuves les plus touchantes, jusqu'à l'appeler son *ami*, son *camarade*.

Dans une circonstance où il fut question du changement du Frère Jérôme, M. Vianney, dont on désirait l'agrément, voulut que ce Frère restât auprès de lui. Ce désir d'un saint fut respecté comme l'expression de la volonté divine. Dès lors il ne fut plus question du déplacement qu'on avait eu en

vue, et le bon Frère Jérôme put continuer jusqu'à la fin ses
soins empressés auprès du vénérable Curé, qui rendit le dernier
soupir entre ses bras.

Le Frère Jérôme a conservé pour M. Vianney une vénération
profonde, qui allait quelquefois jusqu'à l'enthousiasme. Il ne fallait pas, devant lui, avoir l'air de douter de la sainteté de son cher
Curé. Il sortait alors de son calme ordinaire pour le défendre,
comme il arriva dans une circonstance où il fut admis à la table
de Son Eminence le Cardinal Billiet, Archevêque de Chambéry.
La conversation tomba sur la vie extraordinaire de M. Vianney, et
comme le Frère Jérôme en parlait avec sa verve habituelle, le bon
Cardinal, admirant l'enthousiasme du Frère et voulant lui fournir
l'occasion de l'exprimer davantage, lui dit : « Tout de bon, mon
« cher Frère, vous croyez donc que le Curé d'Ars était un brave
« homme? Monseigneur, répondit le Frère, avec un geste ex-
« pressif, non-seulement le Curé d'Ars était un brave homme,
« mais c'était un saint ! »

Les fêtes religieuses, les cérémonies et tout ce qui contribue à
la solennité du culte transportaient ce bon Frère. Pour en rehaus-
ser la beauté, il ne reculait devant aucune peine, aucun surcroît
de travail, et il savait se multiplier pour faire face à tout. Il était
fier de la richesse des ornements et de la décoration du lieu saint.
Aussi est-ce avec une grande joie qu'il vit s'élever la magnifique
coupole servant aujourd'hui de chœur à l'ancienne église d'Ars.

Il serait difficile de dire quelles étaient sa complaisance et sa
bonté envers les nombreux pèlerins qui réclamaient ses services.
Au moindre signe, il quittait tout pour se mettre à leur disposition. Chargé de les introduire auprès du saint Curé, il aimait à
donner la préférence à ceux qui paraissaient les plus souffrants et
les plus malheureux. Sa condescendance pour les personnes qui
recouraient à lui était si grande qu'il s'oubliait lui-même, à tel
point qu'il fallait souvent l'arracher du milieu des pèlerins pour
lui faire prendre un peu de nourriture.

Après la mort de M. Vianney, le Frère Jérôme resta si plein des
souvenirs de ce qu'il avait vu et entendu du saint Prêtre, que sa

conversation en était un écho continuel. Il ne tarissait pas; on pouvait lui demander vingt fois par jour les mêmes détails, toujours il les répétait avec la même complaisance, le même entrain et la même admiration. Aussi lorsque, aux heures fixées pour la visite du presbytère et des autres lieux sanctifiés par la vie du serviteur de Dieu, le Frère Jérôme était obligé de se faire remplacer par une autre personne, les pèlerins éprouvaient le plus vif regret de ne pas l'avoir pour guide dans leur pieuse visite et pour interprète des impérissables souvenirs qui se rattachent à ces lieux.

Cette fonction, en lui fournissant à chaque instant du jour l'occasion de manifester la vénération profonde qu'il professait pour son saint Curé, allait si bien à son cœur, qu'il ne s'apercevait pas de la diminution de ses forces. Ses récits journaliers aux pèlerins n'avaient rien perdu de leur charme; mais au bout de quelques heures ainsi employées, il arrivait à la maison exténué de fatigue. Son état allait s'aggravant de jour en jour, lorsqu'un accident fâcheux lui survint.

Au mois de décembre 1874, il fit sur le verglas une chute qui lui causa une violente commotion au cerveau. Il s'aperçut bientôt qu'une maladie grave devait s'ensuivre, et il demanda avec instance à venir à l'infirmerie de la Maison-Mère. « Je vous serais ici une cause d'embarras, disait-il à son Frère Directeur, et j'en serais très-fâché. Vous avez été si bon pour moi et je vous aime trop pour consentir à vous causer de la peine. »

Frère Jérôme affectionnait sa Congrégation de toute son âme; il en avait fait sa seconde famille, et il en prenait très-consciencieusement les intérêts spirituels et temporels. En religieux plein de foi, il observait la Règle avec la plus minutieuse ponctualité.

Il portait à ses Supérieurs en religion un respect et un amour vraiment filials. Les regardant comme les représentants de Dieu à son égard, il se conformait à leurs moindres désirs, et recevait leurs ordres comme venant du ciel. Croyait-il devoir présenter une observation, il le faisait; mais qu'elle fût reçue ou non, il était satisfait et obéissait avec une scrupuleuse exactitude. Durant son long séjour à Ars, il n'a jamais eu le moindre démêlé avec son Frère Directeur, tant était grande sa soumission religieuse.

Il aimait ses confrères d'un amour sincère et généreux ; rien ne lui coûtait pour leur rendre service ou leur faire plaisir. Plein de délicatesse à leur égard, il trouvait bon pour lui tout ce qu'il y avait de moindre, et se portait volontiers aux emplois les plus pénibles, afin d'en épargner la peine aux autres. Ceux qu'il voyait dans l'affliction étaient ceux auxquels il s'attachait de préférence ; il leur rendait les services les plus bas, les plus pénibles, avec une charité toute fraternelle.

Il ne pouvait souffrir qu'on dit un mot contre sa Congrégation, ses supérieurs ou ses confrères, ni qu'on parlât mal de qui que ce fût. Si quelqu'un s'oubliait sur ce point en sa présence, il l'interrompait adroitement, parfois sévèrement, ou changeait le sujet de la conversation ; et lorsqu'il ne le pouvait, il éprouvait un malaise visible, gardait le silence et faisait en sorte de se retirer.

Sensible aux prévenances, il remerciait toujours avec effusion pour le moindre service qu'on lui rendait ; mais il paraissait ne pas s'apercevoir d'un manque d'égard dont il aurait été l'objet.

C'était plaisir à voir de quelles attentions il entourait les élèves de l'établissement. Aux soins matériels, il ajoutait les soins spirituels, suggérant à ces jeunes enfants de bonnes pensées, leur faisant de petites exhortations, leur apprenant de petites prières, etc. Un soir d'hiver, pendant qu'il rangeait les couvertures d'un enfant, celui-ci lui dit : « Merci, Frère Jérôme, ma maman faisait comme ça. » C'est de là que lui est venu le nom de *maman Jérôme*, dont les élèves l'ont qualifié le reste de sa vie. Mais c'était lorsque l'un d'eux était malade que sa sollicitude s'éveillait davantage ; il ne pouvait le quitter ni le jour ni la nuit ; on avait de la peine à lui faire prendre quelques instants de repos. Deux fois la rougeole sévit dans la maison ; Frère Jérôme prit dans sa chambre tous les élèves qui en furent atteints, et ne voulut céder à personne le soin de ces malades. Il avait déjà passé sur pied cinq nuits de suite, malgré les Frères qui les gardaient à tour de rôle. Le Frère Directeur fut obligé d'employer le commandement pour l'empêcher de continuer. Il se mit au lit par obéissance, mais il ne put dormir ;

il se levait à tout instant pour voir si rien ne manquait à ses chers enfants.

MM. les Missionnaires d'Ars, d'abord auxiliaires de M. Vianney, puis gardiens de son tombeau, avaient aussi une part spéciale à son affection, et il était heureux de le leur témoigner, en leur rendant tous les services qui dépendaient de lui. D'ailleurs n'étaient-ils pas les amis de son saint Curé ?

La religion, en perfectionnant en lui l'amour de ses parents et de son pays natal, n'avait rendu cet amour que plus ardent. Il reportait avec bonheur ses souvenirs sur sa famille si pieuse et si chrétienne. C'était avec une sorte d'enthousiasme qu'il racontait les fêtes civiles ou religieuses de son cher Rumilly. Il conservait un souvenir reconnaissant du digne Curé de sa paroisse, qui lui avait fait faire sa première communion et avait dirigé ses pas vers l'état religieux, des instituteurs auxquels il devait sa première instruction, et de tous ceux dont il avait reçu quelque service. Quel contraste présentait cette âme si bonne avec l'égoïsme de notre siècle ! Faut-il que cet excellent religieux ait été si tôt enlevé à notre affection et à celle de tant de personnes pour lesquelles il était un souvenir vivant du saint Curé d'Ars !

Lorsque nous l'eûmes appelé à Belley, pour lui faire donner les soins que réclamait son état, ses souvenirs étaient souvent à Ars. Il pensait au tombeau du vénérable Curé, aux pèlerins et à tous ceux qui y ont été l'objet de son amour et de ses soins. Une de ses préoccupations était encore de savoir si son remplaçant avait bien soin des pèlerins. Ceux-ci, dont il avait gagné toute la sympathie, n'ont pas perdu son souvenir, et un grand nombre, en venant au tombeau du saint Curé, ne veulent pas s'en retourner sans emporter la photographie de son fidèle serviteur. Ayant reçu la visite de son cher Frère Directeur, une de ses premières questions fut celle-ci : « Mon remplaçant a-t-il bien soin de tout ? » Il lui parla ensuite des élèves qui venaient de faire leur première communion, les nommant tous et s'informant de la manière dont ils avaient accompli ce grand acte religieux.

Quand on lui disait qu'on priait pour sa guérison, il répondait :

« Comme le bon Dieu voudra. » Pour lui, il ne la demandait pas; ce qu'il désirait, c'était d'augmenter en amour de Dieu : « Priez pour moi, disait-il, afin que j'aime bien le bon Dieu. »

Souvent pendant sa vie, il fut agité de ces peines intérieures que Dieu envoie à ses saints pour les purifier de plus en plus, et dont ne fut pas exempt le saint Curé d'Ars lui-même ; mais, arrivé au terme de sa carrière, le calme s'est fait dans son âme ; une douce confiance l'a pénétrée, en même temps que la reconnaissance débordant de son cœur lui faisait répéter sans cesse : *Benedicamus Domino.*

Enfin le jour était venu où le Frère Jérôme devait aller rejoindre le vénérable M. Vianney, qui l'attendait depuis quinze ans. C'est le 23 avril 1875, à l'âge de cinquante-quatre ans, qu'il quitta cette terre d'exil, ayant passé trente-cinq ans dans la vie religieuse.

Lorsque le dimanche suivant, à la grand'messe, cette triste nouvelle fut donnée à Ars, l'émotion de l'auditoire fut profonde. M. l'abbé Toccanier, d'abord vicaire du vénérable Vianney et actuellement son successeur, tira de son cœur ses meilleurs souvenirs pour honorer la mémoire de son cher Frère Jérôme, qui s'était dévoué avec lui au service du saint Curé. « Que de fois, « dit-il, nos mains se sont entrelacées autour de son corps, pour « protéger sa marche au milieu de la foule des pèlerins ! Que « vous dirai-je de son dévoué concours pour réaliser le dernier « vœu du vénérable Curé, par l'érection d'un sanctuaire en « l'honneur de sainte Philomène? de sa complaisance inépui-« sable pour les pèlerins, qu'il charmait par le récit incessant « des plus petits détails de la vie de notre saint Curé? de sa dévo-« tion remarquable pour le Chemin de la Croix, qui lui a valu « la grâce de mourir un vendredi, dans des dispositions par-« faites de résignation à la volonté divine? de sa tendre sollici-« tude pour l'enfance, qui lui a donné le titre de *mère Jérôme?* » Rien n'a été oublié par ce témoin dévoué de la vie de notre cher défunt. Il a voulu lui donner ainsi, en son nom et au nom de tous ses confrères, les Missionnaires du diocèse de Belley, un témoignage public d'estime, d'affection et de reconnaissance...

La paroisse d'Ars prouva la sincérité de ses regrets en assistant au service funèbre qui fut célébré pour lui l'un des jours suivants, et en manifestant le désir de posséder ses restes mortels près de ceux du vénérable Curé.

Peu de jours après, on lisait dans *Le Messager du Dimanche*, publication religieuse du diocèse de Belley, un article que vous aimerez, T.-C. F., à trouver ici. Il est dû à une personne qui était à même d'apprécier les vertus du Frère Jérôme, Mlle Marthe Des Garets d'Ars.

« Une douce et humble figure vient d'être enlevée à la terre : le vénérable Curé d'Ars a rappelé à lui son fidèle Frère Jérôme ! Bien des larmes sont versées sur cette modeste tombe, bien des regrets l'entourent ; car la vénération que les pèlerins avaient pour ce bon Frère n'était égalée que par l'attachement que lui avaient voué les habitants d'Ars. On le pleure comme un ami, on le regrette comme un témoin de la vie du Curé d'Ars, témoin modeste et intelligent qui n'avait perdu aucun des traits de la sainteté de son maître, mais qui les avait recueillis dans son cœur pour les imiter et dans sa mémoire pour les redire. Quel est le pèlerin qui ne compte dans les meilleurs souvenirs de son pèlerinage à Ars, les récits du Frère Jérôme, récits dont la vérité captivait et la simplicité charmait. C'est que, comme Frère Léon avait été un compagnon fidèle pour saint François d'Assise, le Frère Jérôme était devenu pour ainsi dire l'ombre du Curé pendant sa vie. Ayant vécu dix ans dans l'intimité de cet homme de Dieu, l'aimant comme un père et en étant aimé comme un inséparable disciple, il lui appartenait de glorifier sa mémoire en répétant sur son tombeau les vertus de sa vie angélique. Rien n'était touchant comme de voir le Frère Jérôme introduisant les pèlerins dans la chambre de son vénérable Curé, et là, avec une infatigable ardeur, le sourire sur les lèvres, un saint enthousiasme dans le cœur, répéter sans se lasser jamais ce qu'il avait vu et entendu ; l'attention était vive et souvent l'émotion de l'auditoire se traduisait par des larmes. Ce n'était pas une fois par jour, mais à chaque heure de la journée que les pèlerins venaient réclamer la complaisance du Frère Jérôme, et toujours sa bonté si aimable et si douce le rendait heureux de se mettre à la disposition de ceux qui, après avoir prié le thaumaturge, voulaient entendre parler de lui. Mais le ciel réclamait ce bon religieux ; sa couronne était achevée, et depuis quelques mois on voyait ses forces physiques décliner rapidement ; cependant toujours actif malgré la souffrance, il ne voulait pas déserter le théâtre de ses pacifiques travaux, et l'église, la sacristie et la cure le voyaient remplissant ses fonctions avec la même exactitude.

« Rappelé à la Maison-Mère de Belley par ses Supérieurs, qui espéraient ranimer ses forces en l'obligeant au repos, le Frère Jérôme quitta Ars au mois de janvier ; mais les remèdes deviennent impuissants lorsque Dieu veut terminer un exil, et, le 23 avril, cette belle âme, qui n'avait rien à dépouiller, puisqu'elle n'avait rien pris des choses d'ici-bas, fut rappelée dans sa patrie. Quelle rencontre que celle du Curé d'Ars et du Frère Jérôme dans le Ciel ! Quelle joie dans l'âme du maître de voir venir à lui son fidèle serviteur, et quel bonheur pour le serviteur d'entrer dans la joie de son maître ! Mais ce spectacle est pour les anges ; pour nous sont les tristesses de la séparation, adoucies par l'espérance de l'immortelle réunion.

« Dormez en paix, cher et bon Frère Jérôme ! Mais dans votre repos souvenez-vous de ceux qui combattent ; priez pour que la paroisse d'Ars reste digne du dépôt qui lui est confié ; priez pour les Missionnaires qui vous aimaient tant et auxquels vous étiez si dévoué ; pour vos Frères en religion, dont vous étiez le modèle ; priez surtout pour celui dont l'existence était si unie à la vôtre, que la mort seule a pu briser ce lien : votre supérieur était votre ami, votre soutien, à vous maintenant qui êtes dans le repos de le consoler dans sa tristesse, de l'aider dans ses pénibles travaux. Bénissez ce petit collége où par votre tendresse et votre bonté vous remplissiez un rôle maternel, et n'oubliez pas non plus les pèlerins qui, venant s'agenouiller dans l'église témoin de votre zèle, donneront une prière à votre âme et des regrets à votre mémoire. »

En terminant, T.-C. F., laissez-moi vous retracer les paroles que j'adressai à nos chers Frères d'Ars en leur annonçant la mort du Frère Jérôme.

« Il nous a donc quittés, notre bien-aimé Frère ! il est donc allé rejoindre le vénérable Curé d'Ars, celui qui fut son serviteur si fidèle et si dévoué, et qui semblait ne lui survivre que pour le faire connaître et glorifier ! Avec quel bonheur il l'aura revu au milieu des splendeurs de la gloire ! Je voudrais me représenter le céleste sourire avec lequel l'a accueilli le saint Curé. N'aura-t-il pas intercédé pour faire monter près de lui cet ami si cher à son cœur, ce serviteur qui lui fut toujours si dévoué et qui entoura sa personne de soins si affectueux ?

« Hier, samedi, à quatre heures du soir, nous avons déposé sa dépouille mortelle dans la terre sainte ; mais nous n'avons pas enseveli sa mémoire, il nous laisse des souvenirs trop chers et trop consolants pour que nous les oubliions. Oui, ô bon Frère Jérôme, vous resterez dans notre souvenir comme la réalisation du religieux bon et charitable, pieux et dévoué, humble et obéissant, pénétré d'horreur pour le mal et rempli d'ardeur pour le bien. Maintenant que vous jouissez de la récompense méritée par tant de vertus, obtenez à nos Frères que vous laissez dans les travaux, les peines et les luttes de la vie, d'être toujours comme vous esclaves du devoir, et embrasés de cette divine charité qui dispose les cœurs à tous les sacrifices, afin qu'un jour nous méritions aussi de faire la mort du juste. »

Qu'il en soit ainsi, très-chers Frères : comme le Frère Jérôme, ne vivons que pour Dieu, et, comme lui, nous ferons une sainte mort, seul moyen d'arriver à l'éternelle félicité.

Recevez, très-chers Frères, mes affectueuses salutations en Notre-Seigneur.

Frère AMÉDÉE,
Supérieur général.

Lyon. — Impr. de J. B. Pélagaud.